Con Illustrazioni per Imparare al Meglio

STORIA DELLA COREA

Semplificata — Per Grandi e Piccini!

Woosung Kang

Copyright © 2024 by Woosung Kang

Tutti i diritti riservati. Nessuna parte di questa pubblicazione può essere riprodotta, distribuita o trasmessa in qualsiasi forma o con qualsiasi mezzo, comprese fotocopie, registrazioni o altri metodi elettronici o meccanici, senza il previo consenso scritto dell'editore, tranne nel caso di brevi citazioni contenute in recensioni critiche e di alcuni altri usi non commerciali consentiti dalla legge sul copyright.

Per le richieste di autorizzazione, contattateci a:

marketing@newampersand.com

ISBN 979-11-93438-14-15

& **NEW AMPERSAND PUBLISHING**
newampersand.com

Visitate il nostro sito web per scoprire altri libri!

C'era una volta, nell'alto dei cieli,
un dio di nome Hwanin 환인.

Suo figlio, Hwanung 환웅,
voleva aiutare gli abitanti della Terra.

Così Hwanin lo mandò sul monte Taebaek 태백산.

Lì, Hwanung costruì una città chiamata Sinsi 신시
e regnò sulla gente.

Un giorno, un orso e una tigre si recarono da Hwanung.

Essi avevano un grande desiderio: diventare umani!

Hwanung li ascoltò gentilmente e porse loro dell'artemisia e dell'aglio.

"Mangiateli e restate in una grotta per 100 giorni", disse sorridendo.

L'orso e la tigre partirono, emozionati per la loro magica avventura.

La tigre divenne impaziente e uscì di corsa dalla grotta.

Ma l'orso rimase lì, mangiando artemisia e aglio giorno dopo giorno.

Poi, accadde qualcosa di straordinario!

Dopo tanta pazienza, l'orso si trasformò in una bellissima donna.

Hwanung era felicissimo e le diede un nome speciale: Ungnyeo 웅녀, ovvero "donna orso".

Quando Ungnyeo divenne una donna, Hwanung si innamorò perdutamente di lei.

Ebbero un figlio bellissimo e lo chiamarono Dangun 단군.

Con grande saggezza e coraggio, Dangun costruì una splendida città chiamata Asadal 아사달.

Da lì pose le fondamenta di un paese chiamato Gojoseon 고조선.

Fu il primo della Corea!

Nel corso di quasi 2000 anni, Dangun guidò il paese
con la sua idea brillante di *hong ik in gan* 홍익인간.

Il termine significa
"dedizione al benessere dell'umanità".

Credeva nell'aiutare tutti, rendendo la vita migliore
per chiunque.

Dopo Gojoseon seguì il Periodo dei Tre Regni.

Fu un tempo di rivalità e sviluppo tra i tre regni.

Questi erano Goguryeo 고구려, Baekje 백제 e Silla 신라.

Durò per circa 700 anni, dal 18 a.C. al 668 d.C..

Combatterono guerre per conquistare più terre e ampliare i loro regni, ma tutti credevano nel Buddismo e amavano le arti.

Divennero amici anche di altri paesi, come la Cina e il Giappone.

Il Periodo dei Tre Regni fu un capitolo incredibile della storia coreana.

Si trattò di un'epoca di straordinaria crescita e sviluppo della cultura e della storia della Corea.

Goguryeo fu fondata da Jumong 주몽 nel 37 a.C. e fu un paese dallo spirito forte e coraggioso.
Fu il più grande dei tre regni!

Il popolo di Goguryeo era noto per la sua straordinaria abilità nel tiro con l'arco!

Quando Gwanggaeto il Grande 광개토대왕 divenne re, vinse molte battaglie e conquistò molte terre, come la Manciuria occidentale e parti della Russia.

Inoltre, sconfiggendo Baekje, ottenne il controllo della maggior parte della penisola coreana.

La gente scrisse di tutte le grandi imprese compiute da Baekje su un'enorme pietra chiamata Stele di Gwanggaeto.

La eressero vicino al confine tra la Cina e la Corea del Nord.

Oggi è la pietra incisa più grande del mondo!

Quando la dinastia cinese Sui la invase, dovette affrontare una dura battaglia.

Tuttavia, il generale Eulji Mundeok 을지문덕 ingannò i soldati Sui facendogli attraversare il fiume Salsu.

Aprì una diga e molti soldati Sui morirono annegati.

Gli altri furono sconfitti dalla cavalleria di Goguryeo.

Morirono oltre 300.000 soldati Sui, mentre Goguryeo ne perse solo circa 2.700.

Baekje ebbe origine con Onjo 온조, figlio di Jumong di Goguryeo, nel 18 a.C..

Divenne un paese ricco perché commerciava spesso con altri paesi via mare.

Onjo regnò per 46 anni.

Durante il suo regno, costruì le solide fondamenta di un regno potente che durò ben 678 anni!

A Baekje il buddismo era molto importante.

Un oggetto famoso di quell'epoca è una statua di Buddha con un sorriso speciale chiamato "Sorriso di Baekje".

Attorno al III secolo d.C., quando erano in carica il re Goi 고이왕 e il re Geunchogo 근초고왕, governò gran parte della Corea centrale, compresa l'intera area del fiume Han.

Questo straordinario oggetto, chiamato Grande Porta Incensi in Bronzo dorato, è stato probabilmente realizzato nel VI secolo.

Presenta disegni di draghi e fenici.

Si ritiene che venisse utilizzato per cerimonie speciali, come onorare gli antenati o altri eventi importanti.

Silla ebbe origine intorno al 57 a.C. con Bak Hyeokgeose 박혁거세.

Credevano fortemente nel buddismo.

Costruirono molti bellissimi templi e statue a Gyeongju 경주, la capitale.

La gigantesca Grotta di Seokguram 석굴암 è una grotta costruita dagli uomini.

È una parte speciale del Tempio Bulguksa 불국사 sul Monte Toham 토함산.

È stata riconosciuta dall'UNESCO come Patrimonio dell'Umanità.

È davvero uno spettacolo!

Gli abitanti di Silla, soprattutto quelli ricchi, amavano gli oggetti di lusso, in particolare l'oro.

Creavano bellissime corone, cinture e gioielli d'oro.

Ecco perché è chiamato "Il Regno d'Oro".

Questa splendida corona d'oro è stata rinvenuta in una tomba reale.

Si ritiene che appartenesse a un re.

Cheomseongdae 첨성대 è una torre di pietra che si pensa venisse utilizzata per osservare il movimento delle stelle.

È l'osservatorio più antico del mondo!

È sorprendente che non sia stata modificata o riparata da quando è stata costruita!

Questa mattonella viene posizionata sui bordi dei tetti o delle pareti e presenta un volto umano felice.

La gente la chiama "Il Sorriso di Silla".

Diversamente da altre culture in cui vengono utilizzate facce spaventose, come i folletti, gli abitanti di Silla sorridono amichevolmente per far star meglio gli spiriti cattivi e allontanarli.

Durante il Periodo dei Tre Regni, tre grandi regni erano sempre in competizione.

Combatterono molte battaglie, a volte alleandosi con altri paesi per vincere.

Silla si unì alla dinastia cinese Tang nel 648 e Baekje cadde nel 660.

Poi, nel 668, Goguryeo fu sconfitto da Silla e Tang.

Nel 676, Silla respinse finalmente le forze Tang e unì tutti e tre i regni, chiamandoli Silla Unificata 통일신라.

Il re Munmu il Grande 문무대왕 governò questo nuovo regno, che durò per altri 260 anni.

In seguito all'unificazione dei Tre Regni e alla trasformazione in un regno forte,

Silla iniziò a indebolirsi nel IX secolo per via delle lotte interne al regno.

Nel 918, il re Taejo 태조, conosciuto anche come Wang Geon 왕건, creò una nuova dinastia chiamata Goryeo 고려.

Nel 935, il Silla unificato si arrese a Goryeo.

Durante la dinastia Goryeo, il buddismo si diffuse in lungo e in largo, raggiungendo molte persone.

Nella capitale sorgevano oltre 70 templi.

Questo periodo fu chiamato "Età d'Oro del Buddismo Coreano".

Goryeo commerciava con molti altri paesi.

I commercianti della dinastia Song, dell'Arabia, del sud-est asiatico e del Giappone viaggiavano spesso.

In seguito, tutti iniziarono a conoscere Goryeo come "Corea".

I celadon di Goryeo sono ceramiche particolari, famose per il loro bel colore verde-blu e per i loro motivi ricercati.

Erano uno degli oggetti più popolari!

Goryeo era anche eccelsa nella scienza e nella tecnologia.

Realizzarono il primo tipo di metallo al mondo, utilizzato per la stampa.

Il più antico libro stampato si chiama Jikji 직지 e risale all'anno 1377.

Fu stampato 78 anni prima del primo libro a caratteri metallici realizzato da Gutenberg in Occidente nel 1455.

È conservato presso la Biblioteca Nazionale di Francia e nel 2001 è inserito nell'elenco dei Patrimoni dell'Umanità.

Dal 1231, Goryeo fu attaccata dall'Impero Mongolo (che divenne la dinastia Yuan nel 1271) per circa trent'anni, fino al 1259.

Anche dopo che i mongoli conquistarono Goryeo, la popolazione non si arrese.

Continuarono a combattere, spostando le loro basi in luoghi diversi come Jindo e l'isola di Jejudo.

Dalla metà del XIV secolo in poi, Goryeo riuscì a riconquistare l'indipendenza.

Un elemento speciale di quell'epoca è il Tripitaka Koreana nel Tempio di Haeinsa.

È una raccolta di insegnamenti buddisti, scolpiti su 81.258 blocchi di legno nel XIII secolo.

Il popolo lo realizzò per combattere contro i soldati mongoli.

Speravano che avrebbe portato l'aiuto di Buddha.

La realizzazione della Tripiṭaka Koreana è un simbolo del loro fermo impegno a proteggere il paese.

Taejo 태조, conosciuto anche con il nome di Yi Seong-gye 이성계, fu il primo re della dinastia Joseon 조선 e regnò dal 1392 al 1398.

Prima di allora, Goryeo stava cedendo a causa delle guerre con i mongoli.

In origine, Yi Seong-gye era un generale.

Il suo esercito era potente e fermò le truppe mongole e i pirati giapponesi.

In seguito, la dinastia cinese Ming chiese parte delle terre di Goryeo.

La gente si divise in due gruppi: chi voleva la guerra e chi la pace.

Yi Seong-gye, che voleva la pace, fu scelto per condurre la guerra.

Tuttavia, sull'isola di Wihwado 위화도, cambiò i suoi piani e divenne lui stesso re, dando inizio alla dinastia Joseon.

Divenuto re, Taejo cambiò il nome del paese in Joseon e scelse Hanyang 한양 (l'attuale Seul 서울) come capitale.

Ordinò la costruzione di siti importanti come il Palazzo Gyeongbokgung 경복궁 e i mercati.

Hanyang era un luogo ideale per la capitale perché si trovava al centro di Joseon.

Per di più, il fiume Han scorreva al centro della capitale.

Ciò consentiva di raggiungere facilmente la capitale sia dall'interno che dall'esterno del paese utilizzando il fiume.

L'epoca di Re Sejong fu importante per la Corea.

Egli istituì un gruppo di persone brillanti per stabilire le regole e pianificare il futuro del paese.

Re Sejong fece molte cose grandiose, come la creazione dell'Hangul 한글, l'alfabeto coreano.

Prima di allora, non tutti a Joseon sapevano leggere o scrivere perché dovevano imparare i complicati caratteri cinesi.

Ma Grazie alla geniale invenzione dell'Hangul, tutti a Joseon poterono leggere e scrivere facilmente.

Ecco perché la gente lo chiama Re Sejong il Grande 세종대왕.

È molto rispettato in Corea.

Durante questo periodo, gli astuti scienziati crearono anche Jagyeoknu 자격루, un orologio ad acqua,

Angbuilgu 앙부일구, una meridiana

e il primo pluviometro al mondo per misurare le precipitazioni.

Uno degli oggetti più famosi della dinastia Joseon sono le ceramiche, in particolare la porcellana bianca.

Gli abitanti di Joseon adoravano indossare abiti bianchi.

È per questo che gli stranieri che visitavano Joseon li chiamavano *baek eui min jok* 백의민족.

Il termine significa "la gente dai vestiti bianchi"!

Durante la dinastia Joseon, le persone osservavano il confucianesimo.

Esso prevede il rispetto dei genitori, degli anziani e della lealtà verso il re.

Di conseguenza, la dinastia Joseon vantava molti studiosi eccellenti.

Nel 1592, il Giappone invase Joseon, provocando la Guerra di Imjin 임진왜란.

Il Giappone danneggiò gravemente i palazzi e i luoghi importanti di Joseon.

Molte persone vennero uccise o fatte prigioniere.

Combatterono molte battaglie difficili.

La dinastia cinese Ming inviò delle truppe in aiuto.

L'ammiraglio Yi Sun-sin 이순신 di Joseon si dimostrò un vero eroe durante la guerra.

A Myeongnyang, sconfisse 133 navi giapponesi con sole 13 navi!

Questa è una delle più grandi vittorie navali della storia mondiale.

L'ammiraglio Yi Sun-sin era un leader eccezionale.

Protesse i mari di Joseon durante la guerra.

Si servì della potente nave tartaruga, la *geo buk seon*,
거북선 da lui inventata.

Guidò i suoi soldati ben addestrati.

Elaborò piani ingegnosi per ingannare le navi della marina giapponese.

Vinse battaglie come la Battaglia di Okpo 옥포,
la Battaglia di Hansando 한산도
e la Battaglia di Myeongnyang 명량.

Le navi tartaruga dell'ammiraglio Yi Sun-sin sconfissero le navi giapponesi, una dopo l'altra!

Dopo sette anni, Joseon vinse la guerra.

Tuttavia, le terre e i luoghi importanti di Joseon subirono molti danni.

Il popolo di Joseon lavorò alacremente per sistemare tutto.

Da allora, Joseon raggiunse risultati straordinari nella cultura e nella storia.

Fu uno dei periodi più floridi della storia coreana!

A metà del XIX secolo, i paesi occidentali vollero commerciare con Joseon.

Tuttavia, il governo di Joseon disse di no.

Poi, nel 1866, una flotta francese attaccò e nel 1871 lo fece anche una flotta americana.

Ma Joseon li respinse, anche se fu molto dura.

Nel 1875, il Giappone inviò una nave da guerra.

Chiese a Josen di aprirsi al commercio.

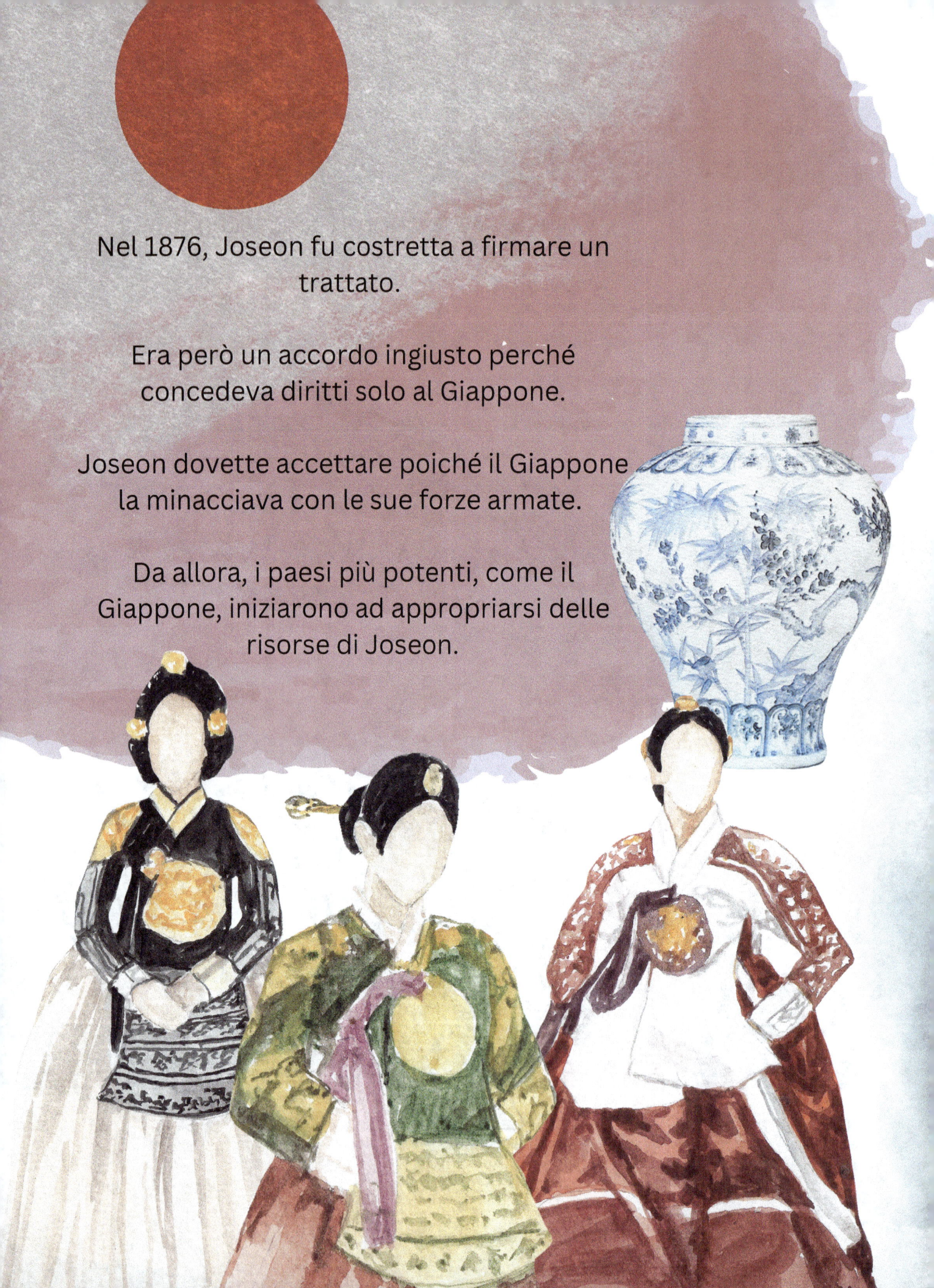

Per cercare di proteggersi, Joseon modificò il suo nome in "Impero coreano", *dae han je guk* 대한제국, nel 1897.

Si cercò di fare dei cambiamenti, come migliorare l'istruzione e l'industria, ma non fu sufficiente.

Il Giappone divenne il paese più potente dell'Asia nord-orientale dopo aver vinto le guerre contro la Cina e la Russia.

I coreani più coraggiosi,

come il patriota Ahn Jung-geun 안중근,

cercarono di informare il mondo sulle azioni ingiuste del Giappone.

Rischiarono persino la vita.

Sfortunatamente, nell'agosto del 1910,

l'Impero Coreano fu costretto a diventare una colonia del Giappone.

Durante il periodo in cui il Giappone dominò la Corea, sottrasse molte cose al popolo coreano.

Gli fece cambiare la lingua, il modo di scrivere e persino il nome.

Furono anche costretti a lavorare come operai e soldati nelle guerre che il Giappone stava combattendo.

Nonostante tutto questo, il popolo coreano lottò duramente per riconquistare la libertà.

Si formarono gruppi per combattere contro il Giappone sia in patria che in altri Paesi come Cina, Russia e Stati Uniti.

Il 1° marzo 1919 il popolo coreano dichiarò di voler essere libero e la gente festeggiò in tutta la Corea.

Un giovane studente di nome Yu Gwan-sun 유관순 fu fondamentale in questa lotta per la libertà.

Il movimento si diffuse anche in altri luoghi come la Manciuria, gli Stati Uniti, il Giappone e l'Europa.

A Shanghai venne istituito un governo temporaneo e si continuò a lottare contro il Giappone.

Il 15 agosto 1945 il Giappone si arrese nell'ambito della Seconda Guerra Mondiale.

La Corea tornò libera!

Ma il Paese fu diviso in Corea del Nord e Corea del Sud.

I soldati americani e sovietici si occuparono di ciascuna parte per assicurarsi che il Giappone non causasse altri problemi.

Nel 1948 si tenne la prima grande votazione in Corea del Sud per scegliere i loro leader.

Le Nazioni Unite si assicurarono che tutto fosse equo.

In quell'anno furono stabilite alcune regole importanti, chiamate Costituzione.

Il primo presidente fu scelto da Syngman Rhee 이승만.

Il 15 agosto la Corea del Sud divenne ufficialmente un Paese autonomo.

La gente poteva scegliere liberamente i propri leader e vivere secondo regole eque.

A nord, invece, le cose erano diverse.

Lì l'Unione Sovietica non permise alle Nazioni Unite di accertare l'equità del voto.

Così, il 9 settembre 1948, la Corea divenne la Repubblica Popolare Democratica di Corea.

Il leader scelto fu Kim Il Sung 김일성.

Egli voleva conquistare l'intera penisola con la forza!

Le Nazioni Unite dichiararono che questo attacco non doveva avvenire e inviarono dei soldati per fermarlo.

Gli Stati Uniti inviarono oltre 1,7 milioni di soldati.

Soldati provenienti da 63 Paesi giunsero per combattere, fornire servizi medici e risorse.

Tutti combatterono ferocemente con la speranza di salvaguardare la libertà nella penisola coreana.

Morirono oltre 630.000 soldati sudcoreani e 150.000 soldati delle Nazioni Unite.

Oltre 800.000 soldati nordcoreani e 1.230.000 soldati cinesi persero la vita.

Nel 1953, dopo tre anni di feroci battaglie, entrambe le parti accettarono di cessare il conflitto.

Da quando fu firmato l'accordo, la Corea è rimasta divisa e non è mai tornata a essere una sola.

Al centro della penisola coreana, all'altezza del 38° parallelo, i due Paesi furono separati da una recinzione di filo spinato.

Ogni tanto si verificavano scontri armati.
Da allora, i coreani temono che possa
scoppiare una guerra.

Volevano tornare a essere una cosa sola,
ma sembrava una realtà lontana.

A seguito della guerra, la Corea perse praticamente tutto.

Ma da allora, la Corea del Sud ha ottenuto risultati straordinari!

Questo perché tutti si sono impegnati a costruire un paese migliore.

Elaborarono dei piani per migliorare la loro economia e questi funzionarono.

Avevano un piano speciale chiamato movimento del Saemaul 새마을운동.

L'obiettivo era quello di passare da un paese povero e agricolo a un paese moderno.

Furono costruite strade a scorrimento veloce, edifici alti e una metropolitana!

Ma la cosa più importante è che il popolo coreano aveva un'attitudine al "fare".

Il mondo lo chiamò il "Miracolo sul fiume Han".

Nel 1988 la Corea del Sud ospitò le Olimpiadi estive a Seul!

In occasione delle Olimpiadi,

8.391 atleti provenienti da 159 paesi gareggiarono in 237 eventi.

L'evento fu supportato da 27.221 volontari.

Anche se il mondo aveva dei problemi,

le Olimpiadi di Seul riunirono molti paesi in pace.

Nel 1998, la Corea del Sud si trovò ad affrontare un grave problema economico.

In quel periodo, il denaro della Corea del Sud non valeva più molto, quindi il costo dei beni era maggiore.

Molte aziende ebbero difficoltà e alcune dovettero chiudere. In molti persero il lavoro.

Per questo motivo, fu necessario il sostegno di una grande organizzazione internazionale chiamata FMI.

Tuttavia, tutti in Corea collaborarono per aiutare il paese.

Riuscirono a ripagare i debiti prima di quanto tutti pensassero!

E l'economia divenne più forte che mai.

Negli anni 2000, la Corea del Sud cominciò a riappacificarsi con la Corea del Nord.

Il governo sudcoreano avviò un piano chiamato "Politica del Sole".

I leader dei due Paesi si incontrarono per la prima volta dalla guerra di Corea!

Si incontrarono e ricominciarono a mettere in contatto i due Paesi.

Decisero di collaborare su molti fronti, tra cui l'economia e il turismo.

Le famiglie che furono separate durante la guerra di Corea si incontrarono.

Gli sforzi continuano ancora oggi, sebbene a volte incontrino momenti difficili.

Per la prima volta nella storia, l'evento si tenne in due paesi.

Trentadue paesi si unirono e la Corea del Sud e il Giappone insieme contavano 20 città in cui si svolsero le partite.

Le iniziative di questi due Paesi per il futuro lasciarono un impatto duraturo sul mondo.

Fu un grande evento che mostrò come entrambi i Paesi cercassero di guardare avanti, nonostante la loro storia tribolata.

2018

Nel 2018, la Corea del Sud ospitò le Olimpiadi invernali di Pyeongchang e si dimostrò all'altezza del compito!

In totale, 2.925 atleti provenienti da 92 Paesi presero parte ai Giochi.

Ancora una volta questo evento riunì il mondo intero.

Durante le Olimpiadi, la Corea del Sud e la Corea del Nord strinsero un accordo speciale.

Durante la cerimonia di apertura avrebbero potuto utilizzare una bandiera unica che rappresentasse la penisola coreana al posto delle loro bandiere!

Questa bandiera speciale simboleggiava l'unità tra le due nazioni.

In alcuni eventi, gli atleti della Corea del Nord e del Sud gareggiarono insieme come un'unica squadra.

Pur avendo attraversato un periodo difficile durante la guerra, la Corea del Sud ha fatto cose incredibili grazie all'aiuto di altri Paesi e del proprio popolo.

La Corea del Sud non ha dimenticato l'aiuto ricevuto nei momenti difficili.

Ora fa molte cose importanti per restituire quella gentilezza.

Aiuta gli altri Paesi fornendo assistenza economica, tecnologica, medica e molte altre risorse.

Molti coreani si offrono anche volontari per recarsi in altri Paesi e aiutare le persone bisognose.

Oggi la Corea del Sud è uno dei paesi più apprezzati del mondo!

Il K-pop, i drama coreani, i film e il cibo sono adorati in tutto il globo!

Non sei curioso di conoscere le novità che la Corea del Sud porterà al mondo in futuro?